Lk 7/76

MÉMOIRE

PRÉSENTÉ

A L'ASSEMBLÉE NATIONALE,

ET COMMUNIQUÉ

AU COMITÉ DE CONSTITUTION;

Sur les villes d'Aix et de Marseille, relativement à la division de la Provence.

Par CHARLES-FRANÇOIS BOUCHE, Député de la Sénéchaussée d'Aix.

La haute Provence n'a ni terres ni habitans : les côtes de la mer sont riches et peuplées ; la partie de l'occident est dans la médiocrité. Ces trois parties contiennent tout au plus 700 mille habitans : l'union seule peut les soutenir.

A PARIS,
DE L'IMPRIMERIE NATIONALE.

1789.

MÉMOIRE
SUR LES VILLES
D'AIX ET DE MARSEILLE.

JE serois coupable aux yeux de mes Commettans si je laissois sans réponse le Mémoire que je vais tâcher de réfuter dans ses parties les plus marquantes : il est certainement la preuve du zèle, des talens et de l'activité des Députés de la Sénéchaussée de Marseille ; il prouve combien ils sont dignes de la confiance dont leurs Concitoyens les ont honorés ; mais on ne sauroit leur pardonner de l'avoir produit, mystérieusement, à MM. du Comité de Constitution, et de ne l'avoir pas distribué dans les Bureaux, pour en donner connoissance à tous les Membres de l'Assemblée Nationale, enfin de ne l'avoir pas communiqué expressément à tous les Députés de Provence, ou pour les forcer de lui rendre justice, ou pour les inviter à le combattre.

Les Députés de la Sénéchaussée de Marseille veulent que cette ville forme un Département séparé. Tel est d'abord le fond et le but du Mémoire. Voici comment ils s'y prennent.

Pour asseoir leur système, ils commencent par se qualifier de *Députés de la ville de Marseille*.

Ce fait n'est point exact ; ils sont Députés de *la Sénéchaussée*, et non de *la ville de Marseille*.

Cette observation affoiblit l'intérêt que Marseille est bien capable de faire naître, et que per-

moire, il résulte que la Provence contient huit cent cinquante-neuf mille habitans.

Il est de fait qu'elle n'en a que 698 mille cinq cent ; on en compte communément 700 mille.

Il résulte encore des pages susdites, que la Provence a 1301 lieues quarrées de surface.

La Provence ne contient qu'environ 900 lieues quarrées de surface, dont plus de la moitié est dans une infertilité rébelle à tout genre de culture. Me méfiant de mes foibles lumières, je l'ai faite mesurer par d'habiles Géographes, sur des Cartes fidèles que je me suis procurées. Je l'ai divisée, sous-divisée, cantonnée, districtée, départementée en cinq systêmes différens, et toujours je me suis convaincu qu'elle n'avoit qu'environ 900 lieues quarrées de surface.

M. Necker, dit-on, a avancé le contraire dans son Ouvrage sur l'*Administration des Finances de la France*.

Cela est vrai ; mais je prie qu'on observe que M. Necker n'a donné à la Provence que 1146 lieues, et non 1301 ; qu'il lui a donné 754,400 habitans, et non 859,000, comme les Députés Marseillois l'ont écrit dans leur Mémoire.

Dans son calcul, M. Necker a compris une partie des terres anciennes de la Provence, et il a donné plus de surface et plus d'habitans.

M. Necker a écrit d'après les états déposés dans les bureaux du Ministère. Ces états sont inexacts : j'ai eu, l'hyver dernier, l'occasion fréquente de m'en convaincre. Avec un texte pareil, M. Necker a écrit des erreurs en fait de population et d'étendue, au moins, provençales.

A présent, veut-on savoir le *pourquoi* des calculs exagérés des Députés Marseillois ? Le voici tel que je le présume ; car ils ne m'en ont pas fait la confidence.

Ils ont dû dire : En donnant beaucoup d'étendue, beaucoup d'habitans à la Provence, un seul département paroîtra trop grand ; deux ne satisferont pas tout le monde ; trois seront suffisans ; et alors, Marseille se sauve à travers tant de lieues et tant d'individus, et elle forme un quatrième Département.

Je ne sais pas si je me trompe, mais je crois avoir pris leur intention sur le fait : il est possible que je les calomnie ; en ce cas, je leur en demande pardon.

Quoi qu'il en soit, Marseille, peuplée d'hommes intelligens, actifs, laborieux, et de bons citoyens, riche, commerçante, savante et guerrière, est faite pour illustrer et soutenir toutes les associations auxquelles on voudra l'adjoindre.

Les Députés Marseillois ne pouvant plus espérer d'obtenir par là un Département particulier, demandent à annexer Marseille au Département de la Provence orientale.

Les Députés de la ville de Marseille sont trop judicieux, je les honore trop pour que je croie que les vieilles querelles de *l'an deux mille quatre cent quarante*, avec l'occident de la Provence, aient part à cette demande ; mais je sens qu'il n'y auroit point d'égalité parmi les divers Départemens de Provence, si Marseille passoit du côté de l'Orient, et étoit réunie aux villes, bourgs et villages du côté de la Méditéranée.

Riche, peuplée et industrieuse comme elle l'est, Marseille accroîtroit par sa masse la masse de la population et des richesses qui sont, pour ainsi dire, concentrées dans la partie orientale et maritime. Les autres parties ou pauvres ou médiocres, sont surchargées d'une multitude de grands chemins, de ponts, de chaussées et d'édifices pu-

A 4

blics, se trouveroient sans soutien. Il n'est pas certainement dans l'intention de la ville de Marseille, de rendre les Provençaux de l'Occident et du Septentrion, malheureux d'une simple satisfaction dont elle jouiroit, sans accroître sa gloire et son opulence, qui sont au plus haut point possible.

Mais, disent les Députés de la Sénéchaussée de Marseille, l'administration de cette ville est différente et ne peut s'allier avec d'autres.

Je prie ces Messieurs de se ressouvenir que l'administration de Marseille n'a été différente qu'en ce qu'elle étoit sous la main tortionnaire des Intendans, lorsque l'administration des autres Communautés étoit sous celle des *Etats*. La vallée de Barcellonette et les terres adjacentes pourroient faire la même objection que Marseille; mais elles n'osent pas la faire, parce qu'elles en sentent la foiblesse.

Dans tout le reste, toutes les Communautés de Provence se ressembloient; mais il ne s'agit plus ici d'une différence d'administration. Bientôt des Alpes aux Pyrénées, des rivages du Rhin aux bords de l'Océan et de la Méditéranée, toutes les Administrations Municipales & Provinciales seront les mêmes : qui en connoîtra une, les connoîtra toutes; ainsi cette objection des Députés de Marseille expire de foiblesse.

Il est une observation décisive; la voici :

Si Marseille appartenoit au Département de l'Orient et maritime, tout le Département Occidental resteroit chargé de la construction et de l'entretien des grands chemins par lesquels on transporte chez elle les productions et les fabrications de la France; elle jouiroit sans contribuer aux frais de ses jouissances : cela ne seroit ni juste, ni politique, ni moral; ce seroit outrager les Marseillois que de leur supposer une exemption semblable.

Les pays agricoles, réplique-t-on, ne peuvent s'allier avec les pays commerçans. La partie Occidentale n'est que cultivatrice.

Les pays agricoles peuvent se soutenir par eux-mêmes, les pays commerçans ont besoin des pays agricoles. Sans ceux-ci, ceux-là ne seroient rien, ou presque rien. Les navigateurs Marseillois qui fréquentent les ports de Sardaigne, des Etats du Pape, de la Sicile et de l'Affrique, prouvent cette vérité.

Du côté de l'Orient, ajoute-t-on, Marseille trouveroit des villes commerçantes qui ont les mêmes habitudes et la même profession.

Du côté de l'Orient, je ne vois que Toulon que le commerce de Marseille pompe continuellement; tout le reste est agricole.

Enfin on dit que Marseille a des dettes.

Elle en aura du côté de l'Orient comme du côté de l'Occident : placée sur l'un comme sur l'autre point, elle les paiera, parce que ses dettes n'intéressent qu'elle.

Réunie aux pays agricoles, elle sera obligée d'entrer dans des détails qu'elle appelle minutieux et de parcimonie ; elle sera gênée dans ses grandes vues, dans les réparations qu'elle est obligée de faire pour son port, ses rues, etc. Voilà ce qu'on objecte encore.

Eh ! fut-elle jamais plus gênée que sous l'Administration des Intendans, dont la suppression doit être comptée parmi les biens infinis que l'Assemblée Nationale a faits à la France. Sous l'administration des Intendans, les Administrateurs municipaux de Marseille ne pouvoient pas,

Mémoire de M. Bouche. A 5

sans leur permission écrite, dépenser plus de 5o livres. En se faisant des Associés, Marseille s'acquerra de nouveaux amis ; les détails de parcimonies lui deviendront utiles.

Telles sont les parties les plus marquantes du Mémoire que je voulois réfuter. Les Députés de la Sénéchaussée de Marseille sont trop raisonnables, pour trouver mauvais que, lorsqu'ils font tant d'efforts pour cette ville intéressante à tant d'égards, lorsqu'ils prouvent par leur zèle et leurs talens qu'ils furent dignes de la confiance dont elle les honore, je donne de mon côté des preuves que j'aime ma Province entière, et que je fasse quelques efforts pour son bonheur. Ce bonheur, je ne l'ai point vu dans la séparation absolue des parties qui n'en faisoient qu'un corps, et j'ai eu le courage de le soutenir jusqu'à trois fois dans le sein de l'Assemblée Nationale, et de le soutenir dans tous les Comités de Provence.

Si la belle, la consolante Constitution que l'Assemblée Nationale donne à la France, s'affoiblissoit jamais ; si le Gouvernement redevenoit entreprenant ; si le despotisme, écrasé par des mains courageuses, s'agite un jour sous la main de quelque Ministre audacieux ou adroit ; si un ennemi étranger entre dans nos terres, trois parties séparées et indépendantes les unes des autres, se regardant comme étrangères les unes aux autres, sous le même ciel et sur le même sol, seront envahies pièce à pièce, une à une, sans qu'elles puissent se défendre. Un esprit d'égoïsme, un caractère de solitude éloigneront les ames, en distinguant les intérêts. Telles sont mes craintes pour ma Province ; puissent-elles être vaines !

Dans tous les pays de la terre, le Gouvernement peut être comparé à un loup affamé, sans cesse brûlé par une faim dévorante. Si vous voulez essayer de le contenir en lui opposant 75 ou 85 petits roquets, il les dévore ; mais si, au contraire, vous lâchez contre lui 32 dogues, il est effrayé, se retire, et le troupeau est sauvé. C'est l'histoire des Départemens et des Provinces.

Celles-ci réunies constamment à l'Assemblée Nationale, leur conducteur et leur centre, auroient eu, ce me semble, bien plus de force : rien cependant n'auroit empêché que les Provinces fussent divisées en plusieurs Districts, correspondans, dans leur propre sein, à un centre commun et unique.

Il est possible que l'amour du bien m'ait aveuglé sur le bien même que l'Assemblée Nationale a fait et veut faire encore, par l'établissement de tant de petits Corps politiques vivans à la porte des uns des autres, et toujours, cependant, sur un terrain différent ; en ce cas, ma bonne foi doit me servir d'excuse. Un cœur aimant est toujours en peine sur l'objet aimé ; et je conviendrai que c'est avec douleur, que j'ai vu qu'on ait voulu faire dans ma Province trois Corps d'un seul, déja foible, épuisé et bien petit.

Vers la fin du onzième siècle, la Haute-Provence voulut avoir une Administration indépendante de celle de la Basse-Provence. Lors du dénombrement général fait en 1200, les habitans de la première furent obligés de déclarer que l'appui des habitans de la seconde leur étoit absolument nécessaire, puisque, sans elle, ils ne pourroient ni contenir les torrens qui ravageoient leurs campagnes, ni *payer tous leurs devoirs au Comte.*

Depuis cette époque, le sort de la Haute-Provence a bien empiré ; elle a perdu plus d'habitans, de terre et de bois, en acquérant plus de dépenses particulières et publiques, plus de digues à construire et plus de chemins à entretenir ou à réparer.

Ces raisons et une foule d'autres que je passe sous silence, quant à présent, m'obligent donc de regarder comme très-funeste à la Provence la triple division sous laquelle elle a été meurtrie ; mais ce qui m'épouvante, c'est la cessation des travaux publics entrepris à frais communs ; c'est la liquidation des caisses publiques ; c'est la répartition des charges provinciales et nationales ; c'est l'apurement des obligations communes à tous les habitans de la province.

Des Provinces autant et même plus étendues et plus peuplées, ont eu du moins la prévoyante et sage sobriété de ne se diviser qu'en deux Départemens. La raison, la politique et la nature appeloient la mienne à n'en former qu'une. Richesse, médiocrité et pauvreté qui forment ses trois caractères locaux, ne peuvent pas se séparer sans se nuire.

Après m'être occupé de la Provence entière, je dois faire quelques réflexions concernant la ville d'Aix. Mon caractère de Député me donne le droit de porter mes regards sur la Provence entière ; mais Député de la Sénéchaussée d'Aix, je dois sur-tout le plus grand intérêt à cette ville.

Aix n'a ni terroir fertile, ni commerce, ni industrie, ni entrepôt. Sans cesse pompée par la ville de Marseille, dont l'aspiration, principalement depuis 1669, se porte sur les hommes et sur les choses d'un bout de la Provence à l'autre, elle n'a jamais pu subsister que par les secours de la politique. L'hiver dernier lui a enlevé ses oliviers, et lui a fait une plaie que trente ans suffiront à peine pour cicatriser. Tous les cultivateurs et les propriétaires sont donc condamnés à languir dans le besoin pendant cetre longue succession d'années.

Depuis 124 ans avant J. C. tous les Tribunaux Civils, Religieux, Politiques et Militaires sont dans le sein de la ville d'Aix. Ces divers établissemens attiroient chez elle les Provençaux et les Étrangers, et leur concours alimentoit ses habitans. Peuplée aujourd'hui d'environ 24 mille individus, ce seroit prononcer contre eux un Arrêt de misère et de mort, que de ne pas la rendre chef-lieu d'un Département et des Tribunaux de Justice et Souverains qui seront établis.

Elle n'a pas été ni ne sera jamais aussi riche, aussi brillante, aussi heureuse, aussi peuplée que la ville de Marseille; mais elle est plus ancienne qu'elle; elle est mieux située qu'elle; elle soutint Marseille dans son berceau : cette ville voudroit-elle aujourd'hui déchirer le sein qui la réchauffa, et exténuer celle qui accueillit avec tant d'humanité les Dieux et les débris de la fortune de ses fondateurs, et qui leur fit généreusement le don du précieux local que leurs descendans occupent aujourd'hui ?

Plus rapprochée du centre, la ville d'Aix est plus à portée des administrés et des justiciables. On ne lui conteste point l'avantage de renfermer dans son sein le plus grand nombre d'hommes les plus propres à être Administrateurs ou Juges, et que l'espérance d'y jouir d'un état acquis à grands frais, y avoit amenés ou fixés.

Qu'on se représente pour un moment une ville ancienne, Capitale de sa Province et d'une grande Souveraineté, accablée de dettes et d'impôts, où sont 24 mille individus sans commerce, sans terroir et sans manufactures, tous utiles, tous bons Citoyens ! qu'on se représente, dis-je, cette ville privée tout d'un coup des Etablissemens qui l'alimentoient, & sous la foi desquels ses habitans s'étoient rassemblés........! La sensibilité et la justice m'ordonnent de me taire, et m'imposent la loi d'attendre, pour la ville d'Aix, des amis et des protecteurs parmi tous ceux qui m'entendent et qui me liront.

Ces déchirantes réflexions ne paroîtront pas hors de propos, lorsqu'on saura que Marseille, qui possède tout l'or, et presque tous les habitans de la Provence, qui correspond avec toutes les Nations de l'univers; qui, en envois ou en retours, en fabrications ou en matières qui attendent la vente, fait un commerce annuel de près de 600 millions; qui est peuplée de près de 90 mille habitans, dans laquelle entrent ou sortent journellement plus de 25 mille étrangers; qui jouit, dans tous les genres, de l'utile, du nécessaire, du commode et du voluptueux, ces réflexions, dis-je, ne paroîtront pas hors de propos, lorsqu'on apprendra que Marseille, changeant de système, et consentant de faire partie du département de l'occident, demande de devenir le chef-lieu du Département et de l'administration.

Combien l'ambition est quelquefois inconséquente ! Ici, pour satisfaire celle qu'on attribue à Marseille, les Députés de sa Sénéchaussée oublient qu'ils ont tiré de la différence d'administration un de leurs moyens de séparation.

Marseille appelle à l'appui de sa demande sa supériorité dans tous les genres.

Eh ! c'est précisément parce qu'elle jouit de cette supériorité, que la saine politique et la raison publique ordonnent qu'elle ne soit point augmentée. Marseille ne s'apperçoit pas qu'elle s'égorge avec ses propres armes.

L'Assemblée Nationale veut rendre tout égal et répandre par-tout ses bienfaits. Elle détruiroit ses Décrets et ne les détruiroit qu'en faveur de Marseille, si, à l'ascendant inconcevable dont cette ville jouit en Provence, elle réunissoit d'autres moyens qui l'accroîtroient, au préjudice d'une ville qui a des droits incontestables à être chef-lieu d'un Département et résidence des Tribunaux de Justice, à divers titres.

1°. Elle est peuplée de 24 mille individus qui n'ont de ressources, tant en Corps qu'individuellement, que dans l'abord des étrangers.

2°. Elle ne peut imposer que sur les consommations et payer ses charges que par elles : moins il y arrivera d'étrangers, moins il y aura de consommations.

3°. Avant la mortalité de ses oliviers, elle ne faisoit une récolte médiocre que tous les deux ans. On sait que l'olivier ne produit utilement que de deux ans l'un. Ses oliviers étant morts, de trente ans la ville d'Aix ne récoltera rien. Tous les jours, à toute heure, à tout moment, Marseille emmagasine tous les biens, toutes les productions des quatre parties du globe.

4°. L'Université d'Aix est désertée ; son Séminaire n'a jamais été bien fréquenté ; son Chapitre est peu nombreux ; les revenus de son Archevêché se consomment ailleurs ; ses Maisons religieuses vont lui être enlevées.

5°. Elle a contracté avec les autres Communautés de la Province des engagemens pécuniaires, qu'il faut qu'elle tienne, au moins pour la part dont elle restera chargée après l'apurement général. Elle sera dans l'impossibilité absolue de faire face à ses engagemens, si on lui en ôte les moyens.

6° Un Palais de Justice, presqu'aussi grand que la moitié du château des Tuileries, est commencé, et est à peine à deux toises hors de ses fondemens. Il étoit destiné à loger quatre différens Tribunaux; il auroit pu servir à en loger un cinquième, la Cour des Monnoies, si Marseille ne s'étoit enrichie de la possession de ce Tribunal et de la fabrication de la monnoie, depuis 3 ou 4 ans. La ville d'Aix n'a pas encore cicatrisé les plaies que cette translation lui a occasionnées. Que fera-t-on de cet édifice, si la ville d'Aix n'est plus ce que sa situation, ses besoins, sa population demandent qu'elle soit.

7°. En perdant les détails et la correspondance de l'administration générale qu'elle avoit, des Tribunaux nombreux, divers particuliers riches, l'abord des étrangers, et les consommations, la ville d'Aix perdroit les moyens de faire face aux charges locales, de Département et de l'Etat. Le Décret que Marseille sollicite, sans autre raison que celle de ne pas dépendre d'une autre ville qui la vaut, à tous égards, par le patriotisme et les commodités locales, et qui vaut mieux qu'elle par son ancienneté et par ses titres, ce Décret suffiroit seul pour anéantir la ville d'Aix dans moins de dix ans.

En un mot, il n'est pas, et ne peut pas être dans les équitables intentions de l'Assemblée Nationale de mettre d'un côté toutes les ressources, et de l'autre toute la misère et la dépopulation.

Ce que j'ai dit jusqu'à présent ne concerne que la ville d'Aix. J'ai eu pour Juges les Provençaux qui m'ont entendu. Je serai jugé par ceux qui me liront. Je vais les appeler plus fortement au secours de mon opinion, et solliciter sur-tout celle des Provençaux du Département d'Occident.

Les Décrets de l'Assemblée Nationale portent que les Administrés et les Justiciables seront voisins des Administrateurs et des Juges, autant qu'il sera possible. Voilà la loi.

Marseille, située précisément sur le dernier pouce de terrein du Département d'Occident, obligeroit, si elle devenoit le chef-lieu de l'Administration, les habitans de ce Département de faire cinq ou six lieues de plus qu'ils ne feroient, si le chef-lieu étoit à Aix, vrai centre de ce Département, et la loi seroit éludée, au grand préjudice des Administrés et des Justiciables. Pour se convaincre de ce fait, il n'y a qu'à jetter les yeux sur la carte.

La même objection peut être faite très-solidement à Marseille, si, réunie, ce qui ne peut pas être, au Département de l'Orient, elle y portoit les mêmes prétentions.

Résumons.

Marseille, voulant former, contre la lettre même des Décrets de l'Assemblée Nationale, une Administration séparée, place sur la lisiére la ville d'Aix, qui dès ce moment, par son site, ne seroit plus bonne à rien, pas même à être chef de District.

Marseille, voulant, contre l'ordre des choses, appartenir au Département de l'Orient, produit le même désavantage contre la ville d'Aix, et la détruit.

Marseille, portant dans le Département de l'Orient les mêmes prétentions que dans le Département d'Occident, détruit encore la ville d'Aix, en la plaçant sur la lisiére, et force les Administrés et les Justiciables de son Département oriental de faire sept ou huit lieues de plus, pour venir chercher administration et justice ; grand inconvénient auquel les habitans des Départemens doivent s'opposer de toutes leurs forces.

Tout jusqu'à sa richesse et sa population, appelle Marseille au Département d'Occident de la Provence, et l'y appelle en second. Ses richesses et son commerce lui conserveront toujours l'éclat de la première place. Ayant sous les yeux les Décrets de l'Assemblée Nationale, la carte de Provence, un état exact de ses forces, un souvenir très-présent des titres d'Aix et de Marseille, une connoissance profonde de l'impossibilité absolue de la première pour se soutenir, si elle reste sans le titre de chef-lieu de Département, et privée des Tribunaux de Justice; convaincu de la grande facilité de la seconde à continuer de fleurir, sans ce double secours, j'ai rédigé cette opinion. Eh! combien de choses il me resteroit à dire, si le temps, les circonstances et une suite pressée d'affaires me le permettoient!

Tout ce qu'on a dit, tout ce qu'on dira, tout ce qu'on pourroit dire, en faveur de Marseille, d'agréable et d'avantageux, n'aboutiroit jamais qu'à donner des preuves plus fortes de son extrême supériorité sur Aix et les autres villes de Provence, et à ruiner sa cause, puisqu'il s'agit ici de porter du secours aux foibles contre les puissans.

L'Assemblée Nationale ne peut prononcer sur cette cause, que d'après les règles générales qu'elle a dictées, et qui condamnent Marseille ; mais je prendrai pour prononcer sur les circonstances qui la constituent, des hommes bien éclairés, bien instruits des localités, de bons et généreux citoyens, les Députés de Provence. Si l'un d'eux me convainc de mensonge, sur une de mes assertions, je consens d'être regardé comme faux sur toutes, et mon Mémoire doit être foulé aux pieds. Personne ne dira jamais de Marseille plus de bien qu'elle n'en mérite; personne n'en dira jamais plus que moi : mais il faut que justice soit faite, et que lorsque la Provence et toutes les nations commerçantes de l'univers s'épuisent pour Marseille, Marseille ne réponde pas à ce dévouement en dépouillant des voisins qui ne veulent et ne peuvent pas lui nuire, et qui se félicitent de sa gloire.

En traçant ce Mémoire, j'ai consulté mon cœur, la justice, les convenances et les Décrets de l'Assemblée Nationale. J'ai osé m'ériger en organe de vingt-quatre mille individus intéressans, qui ont compté sur mon zèle, comme ils espèrent tout de la justice des Législateurs de la France.

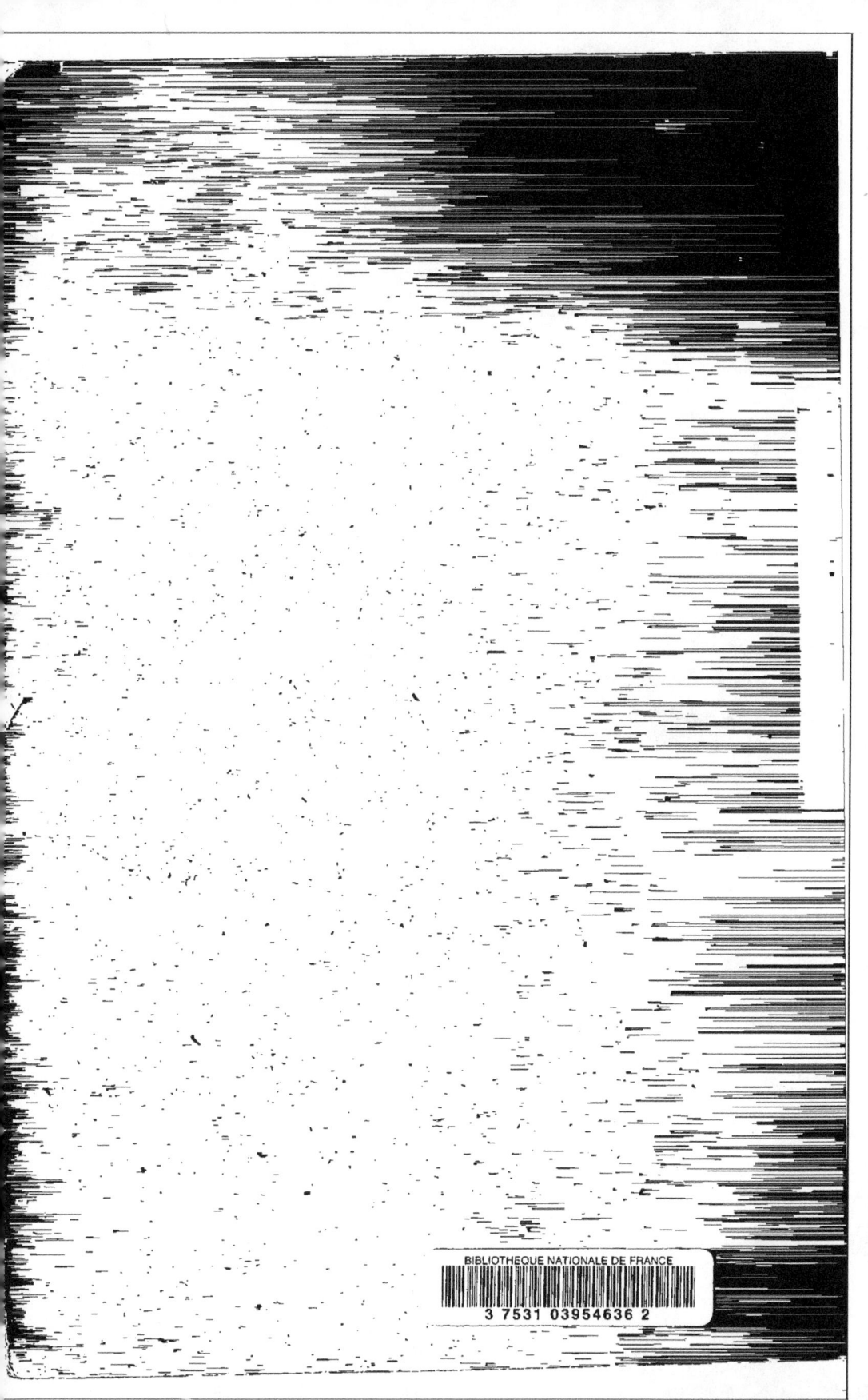

www.ingramcontent.com/pod-product-compliance
Lightning Source LLC
Chambersburg PA
CBHW070524050426
42451CB00013B/2842